Waarom vrouwen niet kunnen kaartlezen

... en aan één stuk door praten

0,50

Allan & Barbara Pease

Waarom vrouwen niet kunnen kaartlezen
... en aan één stuk door praten

LESSEN VOOR MANNEN OVER VROUWEN

Het Spectrum

Uitgeverij Het Spectrum B.V.
Postbus 2073
3500 GB Utrecht

Oorspronkelijke titel: Why women can't read maps ... and won't stop talking;
Lessons men need to know about women
Uitgegeven door: Pease Training International Pty Ltd, Mona Vale, NSW, Australië
© Allan Pease 1999
Vertaald door: L.C. van Twisk

Eerste druk 2000
Omslagontwerp: Studio Herman Bade B.V., Baarn
Illustraties: John Hepworth
Zetwerk: Elgraphic+DTQP bv, Schiedam
Druk: Koninklijke Wöhrmann, Zutphen

ISBN 90 274 7189 4
NUGI 711
www.spectrum.nl

Inleiding

Mannen en vrouwen verschillen van elkaar. De een is niet beter of slechter dan de ander – maar anders.

Met dit miniboekje hebben we tot doel jou, de lezer, te helpen meer over jezelf en het andere geslacht te leren, zodat je interacties en je relaties meer vervulling kunnen bieden, aangenamer kunnen zijn en bevredigender. Het staat vol met nuchtere adviezen en wetenschappelijke feiten die zowel de kern raken als grappig zijn.

We dragen dit boekje op aan alle mannen en vrouwen die ooit tot twee uur 's nachts hun haren uit hun hoofd trokken terwijl ze hun partner smeekten: 'Maar waarom begrijp je het niet?' Relaties lopen stuk doordat mannen nog steeds niet begrijpen waarom een vrouw niet wat meer op een man kan lijken, en doordat vrouwen van hun mannen verwachten dat ze zich net zo gedragen als vrouwen.

Veel plezier!

Allan & Barbara Pease

Emoties van de vrouw

'Ja Isabel, ik weet wel dat hij een gestoorde,
sadistische moordenaar is, maar hij zou een
gestoorde, sadistische bijlmoordenaar kunnen zijn
die hulp nodig heeft!'

Geef vergissingen toe. Een man zal zijn fouten niet toegeven omdat hij denkt dat de vrouw dan niet van hem houdt. De waarheid is echter dat een vrouw dan meer van hem zal houden.

Wanneer een vrouw van streek is, kom dan niet met oplossingen en respecteer haar gevoelens – laat haar zien dat je luistert.

Word niet boos wanneer zij je advies geeft. Voor haar betekent advies bieden vertrouwen opbouwen in een relatie; het wordt niet gezien als een teken van zwakte.

Door te praten over haar problemen verlicht een vrouw haar stress. Ze wil dat je luistert, niet dat je met oplossingen aankomt.

Vertel haar over je problemen.
Voor een vrouw is het delen van
problemen een teken van vertrouwen en
vriendschap.

Ronald speelt de videoband van zijn huwelijk achteruit af. Hij zegt dat hij dit doet omdat hij zichzelf dan als vrij man de kerk uit kan zien wandelen.

Een vrouw vindt het leuk om een kaart van je te ontvangen. Koop een blanco kaart en vraag een andere vrouw om tips om iets moois te schrijven.

Erken de aanwezigheid van een vrouw.
Wanneer een man aan het eind van de dag
voor zich uit zit te staren, kan een vrouw
makkelijk het gevoel krijgen dat hij niet
van haar houdt.

Hoeveel je verdient is niet belangrijk. Vrouwen verlaten mannen niet omdat ze ongelukkig zijn als hij hun materiële wensen niet kan vervullen, maar omdat ze emotioneel onvervuld zijn.

Het huwelijk heeft zijn goede kanten.
Het leert je trouw, onthouding, tolerantie,
zelfbeheersing en andere waardevolle
kwaliteiten die je niet nodig zou hebben
als je alleenstaand zou blijven.

Een vrouw weet alles over haar kinderen. Mannen zijn zich vaag bewust van enkele kleine wezens die ook in het huis wonen.

Vrouwen vinden het fijn om aangeraakt te worden. De huid van een vrouw is tien keer gevoeliger dan die van een man. Raak haar op de juiste plaatsen aan, maar vermijd graaien.

Bij persoonlijkheidstests kiezen mannen vooral bijvoeglijke naamwoorden voor zichzelf als kaal, concurrerend, bekwaam, dominant, assertief, bewonderd en praktisch. Vrouwen kiezen woorden als warm, liefhebbend, gul, sympathiek, aantrekkelijk, vriendelijk en gevend.

Vrouwen zien het toegeven van fouten als een vorm van verbondenheid en het opbouwen van vertrouwen. Echter, de laatste man die ooit toegaf dat hij een fout had gemaakt was Adam.

Wanneer ze onder druk staan praten vrouwen zonder na te denken; mannen handelen zonder na te denken.

Wees voor een vrouw als een vriend. Wanneer zij van streek is praat ze op een emotionele manier met haar vrienden. Een man die van streek is zet liever een motor in elkaar of repareert een lekkende kraan.

Wees attent wanneer ze geïrriteerd is. Wanneer ze onder druk staat of gestresst is, ziet een vrouw de tijd die ze doorbrengt met praten met haar man als een beloning. Ze wil praten en een knuffel. Mannen zien praten als een storing van het probleemoplossende proces en zitten liever voor zich uit te staren.

Wanneer mannen onder druk staan drinken ze alcohol en vallen ze een ander land binnen.
Wanneer vrouwen onder druk staan eten ze chocolade en gaan ze uit winkelen.

De vrouwelijke
hersenfuncties

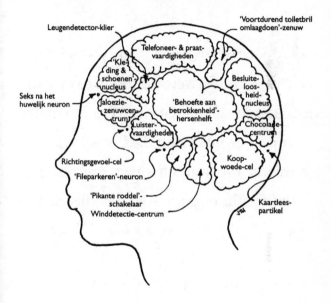

Leugendetector-klier

'Voortdurend toiletbril omlaagdoen'-zenuw

Telefoneer- & praat-vaardigheden

'Kle-ding & schoenen'-nucleus

Besluite-loos-heid-nucleus

Seks na het huwelijk neuron

Jaloezie-zenuwcen-trum

'Behoefte aan betrokkenheid'-hersenhelft

Luister-vaardigheden

Chocolade-centrum

Richtingsgevoel-cel

Koop-woede-cel

'Fileparkeren'-neuron

'Pikante roddel'-schakelaar

Winddetectie-centrum

Kaartlees-partikel

De vrouwelijke hersenen

De hersenen van een vrouw hebben een 10% grotere verbindingskabel tussen de linker- en de rechterhersenhelft en 30% meer verbindingen. Dat is de reden waarom ze kunnen lopen, praten en lippenstift opdoen – en dat allemaal tegelijk.

Laat de vrouw je kleding uitzoeken. Een op de acht mannen is kleurenblind voor blauw, rood of groen en hun hersenen beschikken over een beperkt vermogen tot het bij elkaar zoeken van patronen en stijlen. Daarom pik je een alleenstaande man er makkelijk uit.

Koop donzige knuffels voor meisjesbaby's en een mobiel voor aan het plafond voor jongensbaby's. De hersenen van meisjes zijn dusdanig geschakeld dat ze reageren op mensen en gezichten; die van jongens reageren op voorwerpen en vormen.

Meisjes worden veel eerder rijp dan jongens. Als ze zeventien zijn gedragen de meeste meisjes zich als volwassenen, terwijl jongens nog altijd elkaars broek naar beneden trekken en winden aansteken.

De hersenen van een vrouw zijn gestructureerd voor meervoudige taken. Ze kan enkele niet met elkaar in verband staande dingen tegelijk doen. Ze kan de auto besturen, naar de radio luisteren, handsfree telefoneren en over haar volgende afspraak nadenken. Mannen kunnen slechts één ding tegelijk.

Er ontgaat vrouwen niet veel.
Scans van de vrouwelijke hersenen laten
90% activiteit zien tijdens de rustfase.

In een kamer met vijftig stellen heeft de vrouw minder dan tien minuten nodig om de relatie tussen elk stel te analyseren. Ze ziet wie wie is, wat wat is en hoe ze zich allemaal voelen.

Vrouwen voelen zich graag veilig.
Neem in bed je natuurlijke plaats in – het
dichtst bij de slaapkamerdeur. Dit
vertegenwoordigt de symbolische
verdediging van de grotingang.

Vrouwen gebruiken de toiletruimte als een sociale conversatiezaal en therapieruimte. Vrouwen kunnen als vreemden de toiletruimte binnengaan en er als vriendinnen uitkomen. Mannen gebruiken de toiletruimte voor biologische redenen. Een man zul je nooit horen zeggen: 'Hé Frans, ik ga naar het toilet – ga je even mee?'

Meisjes kunnen met de televisie of radio aan studeren. Hun hersenen kunnen dit aan; die van jongens niet.

Vrouwen hebben een grotere verscheidenheid van kegelcellen in het netvlies en een breder perifeer zicht. Door de software van hun hersenen hebben ze een gezichtsveld van minstens 45 graden aan beide zijden. Dit is de reden waarom een vrouw er zelden op wordt betrapt dat ze naar andere mannen gluurt.

Geef een vrouw geen commentaar omdat ze zei dat je rechtsaf moest gaan toen ze eigenlijk linksaf bedoelde. Vrouwen vinden het moeilijk links van rechts te onderscheiden, omdat de meeste vrouwen beide hersenhelften voor deze taak gebruiken.

Vrouwen beschikken over taalcentra in beide hersenhelften. Als een man aan de linkerkant van zijn hoofd gewond raakt, kan hij zijn spraakvermogen verliezen. Als een vrouw op dezelfde plaats wordt geraakt, blijft ze waarschijnlijk gewoon doorpraten.

Ga in een restaurant met je rug naar de muur en je gezicht naar de ingang zitten. Hierdoor voel je je op je gemak en kun je alles in de gaten houden, wat vrouwen een veilig gevoel geeft.

Vrouwen tellen hardop. Ze werken rekenkundige problemen uit in de linkerhersenhelft, waardoor ze langzamer zijn in rekenen en waardoor ze rekenkundige functies verbaal uitvoeren.

Tijdens lange autoritten zouden mannen 's nachts moeten rijden en vrouwen overdag. Mannen kunnen 's nachts beter ver zien dan vrouwen en mannen kunnen onderscheiden op welke weghelft het tegemoetkomende verkeer zich bevindt.

De meeste vrouwen kunnen al lopend en pratend over diverse onderwerpen hun tanden poetsen. Ze kunnen met de ene hand de tandenborstel op en neer bewegen en tegelijkertijd met de andere hand de spiegel met een ronddraaiende beweging schoonvegen. De meeste mannen vinden dit moeilijk, zo niet onmogelijk.

Vrouwenpraat

Wat vrouwen zeggen • *Wat mannen horen*

Voor vrouwen heeft spraak een duidelijk doel, namelijk het opbouwen van relaties en het maken van vrienden – niet het oplossen van problemen. Laat hen dus maar praten.

Wanneer een vrouw aan het eind van de dag aan het praten is wil ze geen onderbrekingen met oplossingen voor haar problemen. Er wordt niet van je verwacht dat je reageert, je hoeft alleen maar te luisteren.

Voor de man is het volkomen natuurlijk om niet veel te praten. Als vrouwen bij elkaar zijn en niet praten kan dit een sterke aanwijzing zijn voor een groot probleem.

Om beter met vrouwen overweg te kunnen, moet je meer praten. Als een man in het gezelschap van vrouwen zijn mond houdt, dan zullen de vrouwen denken dat hij afstandelijk of chagrijnig is of niet met hen mee wil doen.

Door te praten over dagelijkse problemen kan de moderne vrouw stress aan. Zij ziet het als verbondenheid en steunverlening.

De kans dat een vrouw een ander aanraakt tijdens een sociaal gesprek is vier tot zes keer groter dan de kans dat een man dat zal doen. Interpreteer een vriendschappelijke aanraking niet verkeerd.

Het lijkt alleen maar zo dat vrouwen door je heen praten. Dit komt omdat vrouwen tegelijkertijd kunnen praten en luisteren. Hun spraakcentra en gehoorfuncties werken tegelijkertijd.

'Ik heb een keer zes maanden niet tegen mijn vrouw gesproken,' zei de echtgenoot. 'Ik wilde haar niet onderbreken.'

'Ik hoop dat ik niet te veel heb zitten kletsen!'

Een vrouw praat om betrokkenheid te tonen en relaties op te bouwen. Als een vrouw veel tegen je praat, vindt ze je aardig. Als ze niet veel tegen je praat, heb je een probleem.

Als een vrouw wil straffen praat ze niet meer. Mannen noemen dit de 'stille behandeling'. Wanneer een vrouw het dreigement uit: 'Ik praat nooit meer tegen je!', moet je dit zeker serieus nemen.

Wanneer een vrouw praat, geeft ze soms slechts vaag aan wat ze wil en draait ze om de feiten heen. Dit wordt 'indirecte praat' genoemd en het is de basis voor relaties en verstandhoudingen met anderen doordat agressie en confrontatie worden vermeden.

Als je denkt dat een vrouw een probleem heeft vraag dan: 'Wil je dat ik naar je luister als man of als vrouw?' Als zij zegt dat ze wil dat je als een vrouw bent, luister dan alleen naar haar en moedig haar aan. Als ze wil dat je als een man bent kun je oplossingen bieden.

Wanneer zij ruzie maakt zal ze
woorden gebruiken die ze niet echt meent.
Neem ze dus niet al te letterlijk en probeer
er geen betekenis aan te geven.

Een vrouw denkt hardop. Ze ziet dit als een teken van vriendschap en verbondenheid. Een man denkt dat ze hem een lijst met problemen aanbiedt waarvan ze verwacht dat hij die oplost. De kans is groot dat hij gespannen wordt of dat hij haar probeert te vertellen wat ze moet doen. Hou het gewoon bij luisteren.

Mannen gebruiken slechts drie toonhoogten bij het spreken; vrouwen vijf. Daarom hebben mannen vaak moeite met het volgen van de gesprekken van vrouwen en zeggen vrouwen tijdens een ruzie: 'Sla niet zo'n toon niet tegen me aan!'

Taal is niet eigen aan de mannelijke hersenen. Vraag een jongen hoe een feestje is geweest en hij mompelt 'o... het was leuk.' Een meisje zal je een gedetailleerd verslag geven van alles – wie wat zei tegen wie, hoe iedereen zich voelde en wat iedereen aanhad.

Een vrouw gebruikt dagelijks meer dan 20.000 communicatie'woorden' om haar boodschap over te brengen. Dit omvat gesproken woorden, stemverbuigingen en lichaamstaal. Het dagelijkse gemiddelde van de man ligt rond de 7000 – net iets meer dan een derde van wat de vrouw produceert.

De spraak van een vrouw vertoont geen structuur; ze kan het over verschillende onderwerpen tegelijk hebben zonder dat er conclusies worden getrokken. Praten is net winkelen.

Voor mannen is praten het overbrengen van feiten. Ze beschouwen de telefoon als een communicatiewerktuig voor het overbrengen van feiten en informatie aan andere mensen; een vrouw ziet het als een middel om een band te creëren.

Ruimtelijk inzicht

'O nee! Dit kan ik niet geloven, meisjes...
Kijk eens naar deze kaart! Ik geloof dat we bij die
grote groene berg rechtsaf hadden gemoeten...'

Vraag een vrouw niet om de weg te wijzen. Kaartlezen en weten waar je bent is afhankelijk van ruimtelijk inzicht. Hersenscans hebben uitgewezen dat ruimtelijk inzicht sterk aanwezig is bij mannen maar veel minder bij vrouwen. Het is een vaardigheid van de man.

Circa 90% van de vrouwen beschikt over een beperkt ruimtelijk inzicht in vergelijking tot de gemiddelde man. Daarom hebben ze zo'n moeite met het programmeren van de videorecorder.

De meeste mannen kunnen altijd aanwijzen waar het noorden is – de meeste vrouwen niet. Geef een vrouw nooit richtingaanwijzingen als 'Ga richting het zuiden' of 'Ga vijf kilometer in westelijke richting'. Geef in plaats daarvan aanwijzingen met oriëntatiepunten zoals:

'Rijd langs de McDonald's en ga vervolgens in de richting van het gebouw waarop in grote letters ABN Amro staat.'

Dring er nooit op aan dat ze de auto parkeert als ze dat niet wil. Het inschatten van de afstand tussen de autobumper en de muur van de garage terwijl je in beweging bent vraagt om een ruimtelijk inzicht dat bij de meeste vrouwen niet sterk aanwezig is.

Vrouwen zijn uitstekend in het rijden van een 'drag race' omdat ze dan in een rechte lijn rijden. De winnaar is degene die de snelste reactietijd heeft wanneer het licht op groen springt – en wat dat betreft zijn vrouwen in het voordeel.

In het algemeen rijden vrouwen veiliger dan mannen.

Als het gemeentebestuur uit alleen vrouwen zou bestaan, zou achteruit parkeren en fileparkeren niet meer zijn toegestaan.

Vrouwen gebruiken geen achteruitkijkspiegels. Hun hersenen gebruiken hun waarnemingsvermogen bij het manoeuvreren van een auto.

Let op haar gezichtsuitdrukkingen wanneer je naar een vrouw luistert. Een luisterende vrouw kan binnen tien seconden gemiddeld zes uitdrukkingen gebruiken om de emoties te weerspiegelen die door de spreker worden uitgedrukt.

Bij een ongeluk zal een vrouwelijke bestuurder minder gauw van opzij worden aangereden dan een mannelijke. Door haar bredere perifere zicht kan ze het verkeer van opzij zien naderen. Het is veel waarschijnlijker dat ze bij het achteruit inparkeren de voor- of achterkant raakt.

Als je ruzies wilt vermijden vraag een vrouw dan nooit om de kaart te lezen. Als je niet beschikt over een specifiek gebied in de hersenen waarmee je de kaart kunt omdraaien, draai je deze om in je handen. Voor een vrouw is het de gewoonste zaak van de wereld de kaart in de richting te houden waarin ze reist.

Gewaarwordingen

De vrouw – de wandelende leugendetector

Wanneer een vrouw een nieuwe jurk past en vraagt: 'Hoe staat hij?' zeg dan wat meer dan alleen maar 'goed'. Antwoordt zoals een vrouw dat zou doen: geef details. Met andere woorden, geef geen feiten, maar vertel 'waarom'. En doe dat gedetailleerd.

Wat algemeen bekend staat als 'vrouwelijke intuïtie' is merendeels het scherpe vermogen van een vrouw kleine details en veranderingen in het voorkomen of het gedrag van anderen op te merken.

Deel de afstandsbediening met de vrouw in je leven.

Wanneer een man zich volledig afsluit is hij bezig problemen op te lossen. Als een vrouw zich terugtrekt, broeien er problemen en wordt het tijd voor een diepgaand gesprek.

Neem haar regelmatig mee uit eten. Vrouwen zien dit als een manier om een relatie op te bouwen en te koesteren, om problemen te bespreken of om een vriend te steunen. Mannen zien uit eten gaan als een praktische benadering van voedsel – er hoeft niet gekookt te worden, boodschappen gedaan of afgewassen te worden.

Als een vrouw ongelukkig is in haar relatie kan ze zich niet op haar werk concentreren. Als een man ongelukkig is met zijn werk kan hij zich niet op zijn relatie richten.

Als een vrouw je vraagt of ze de blauwe of goudkleurige schoenen aan moet doen, maak dan geen keuze. Wat je ook kiest, je zit er altijd naast. Vraag haar welke zij zou kiezen en bevestig dat dit een uitstekende keuze is.

De bouwtekening van een huis wordt door een vrouw tweedimensionaal gezien; de mannelijke hersenen kunnen deze driedimensionaal zien omdat hun hersenen zijn gestructureerd om diepte te zien. Mannen kunnen ook vanaf de tekening zien hoe het huis eruitziet als het klaar is. Laat een vrouw altijd een driedimensionale versie zien.

Het meest waardevolle wat je kunt doen is actief naar een vrouw luisteren, en het achterwege laten van oplossingen.

Een vrouw leest de betekenis van wat er wordt gezegd door middel van de stemintonatie en de lichaamstaal van de spreker. Denk daaraan als je haar aandacht wilt krijgen en behouden.

Seks, liefde & romantiek

'... Ik wil openheid, eerlijkheid en een monogame relatie. Ik val niet op mannen die spelletjes willen spelen!'

Vrouwen vinden het niet fijn wanneer je 'seks' aanduidt met 'seks'.
Noem het 'de liefde bedrijven.'

Als een vrouw een affaire heeft en zegt dat het niets voorstelt, is de kans groot dat ze liegt. Voor een vrouw zijn seks en liefde onlosmakelijk met elkaar verbonden. Het een is gelijk aan het andere. Dat is de reden waarom vrouwen weggaan bij mannen die een oppervlakkige, kortstondige affaire hebben.

Hoe je een vrouw elke keer bevredigt:

Streel haar, complimenteer haar,
knuffel haar, bekoor haar, laat haar
genieten, masseer haar, repareer dingen,
leef mee, bezing haar, geef haar
ondersteuning en eten, kalmeer haar,
wek verwachtingen, wees haar ter wille,
vlei haar, stimuleer, troost, omhels, negeer
vetkussentjes, wind haar op, breng haar
tot rust, wees beschermend, bel haar op,
anticipeer, wees vergevingsgezind, geef
haar een sieraad, vermaak haar,

charmeer haar, draag dingen voor haar, wees beleefd, fascineer haar, bied aandacht, vertrouwen, verdediging, kleding, schep over haar op, plaats haar op een voetstuk, wees instemmend, verwen haar, omarm haar, sterf voor haar, droom van haar, flirt, behaag haar, knijp haar zachtjes, stel haar tevreden, idoliseer haar, aanbid haar.

Hoe je een man elke keer bevredigt:

Verschijn naakt.

Koop chocolade en champagne. Bruine chocolade bevat fenylethylamine wat het liefdescentrum in de vrouwelijke hersenen stimuleert. Champagne verhoogt de testosteronspiegel.

Wat is het verschil tussen een vrouw met PMS en een terrorist? Met een terrorist valt te onderhandelen.

Er is aangetoond dat verliefde mensen gezonder zijn en een veel kleinere kans hebben een ziekte op te lopen dan mensen die niet verliefd zijn.

Seks is de prijs die vrouwen betalen voor het huwelijk. Het huwelijk is de prijs die mannen betalen voor seks.

De top 5 van stimuli van de vrouw

1. Romantiek

2. Toewijding

3. Communicatie

4. Intimiteit

5. Niet-seksuele aanrakingen

Monogamie telt zwaar bij vrouwen. Een seksuele affaire met een ander wordt gezien als het ultieme verraad en een goede reden om een relatie te beëindigen.

Vrouwen onderkennen dat liefde niet bestaat. Dat is de reden waarom 80% van de relaties door vrouwen wordt beëindigd.

De persoon die zei dat de weg naar het hart van de man via de maag loopt mikte te hoog.

Seks is geweldig voor je gezondheid. Een amoureuze pauze van gemiddeld drie keer per week verbrandt 35.000 kilojoules, wat gelijk staat aan 130 kilometer rennen in een jaar.

Geef haar te eten. Wanneer je een vrouw voorziet van voedsel worden haar vrouwelijke oergevoelens geprikkeld.

Een vrouw wil veel seks met de man van wie ze houdt. Een man wil veel seks.

Mannen geven hun penis een naam omdat ze niet willen dat een vreemde 99% van hun beslissingen voor hen neemt.

Een vrouw wil seks niet om dezelfde reden als een man. Een vrouw gaat een nieuwe relatie aan op zoek naar romantiek en liefde. Seks is een gevolg hiervan.

Wanneer het aankomt op seks hebben vrouwen een reden nodig; mannen hebben een plek nodig.

Overhaast seks niet. De vrouwelijke geslachtsdrift is als een elektrische oven – hij warmt langzaam op tot de hoogste temperatuur en het duurt heel lang voor hij is afgekoeld.

Er is nooit wetenschappelijk aangetoond dat er een afrodisiacum is dat werkt, al zijn er honderden.

Wees begripvol bij een vrouw met PMS. Vrouwen die lijden aan PMS hebben vier tot vijf keer zoveel kans op een auto-ongeluk als zij achter het stuur zitten. Meisjes met PMS scoren 14% slechter in wiskunde-examens dan vrouwen die er niet aan lijden.

'Als ik u goed begrijp, mevrouw Van Loon, zegt u
dat u lijdt aan PMS en dat u uw echtgenoot hebt
gewaarschuwd dat u hem, tenzij hij ophield met
zappen, een kogel door het hoofd zou jagen... wat
was daarop zijn antwoord?'

Wat is het verschil tussen erotisch en pervers? Erotisch is wanneer je een veer gebruikt in bed. Pervers is wanneer je de hele kip gebruikt.

Vertel haar dat ze belangrijk voor je is.
Voordat een vrouw naar seks verlangt,
moet ze zich geliefd, aanbeden en
belangrijk voelen.

Wanneer een man besluit een vrouw sensueel aan te raken, doet hij de dingen die hij fijn vindt – hij graait naar haar borsten en kruis. Dit staat bovenaan de vrouwenlijst van gehate dingen.

Mannen doen niet alsof ze een orgasme krijgen – geen enkele man zou zo'n gezicht met opzet trekken.

Onderzoek toont aan dat het aantal orgasmen van een vrouw twee tot drie keer hoger ligt in een monogame relatie en vier tot vijf keer hoger in het echtelijke bed.

De liefde bedrijven is wat een vrouw doet terwijl een man een wip met haar maakt.

Leer dansen. Vrouwen houden van mannen die dansen. Dansen is bedoeld om een intiem contact te creëren tussen man en vrouw als inleiding op hofmakerij.

Wanneer een man een vrouw naakt ziet wordt hij gestimuleerd en raakt hij geprikkeld. Wanneer een vrouw een man naakt ziet, barst ze gewoonlijk in lachen uit.

Koop alleen emotioneel beladen geschenken zoals bloemen en een kaart. Vermijd praktische dingen als een broodrooster of een boormachine.

De meeste vrouwen geven de voorkeur aan seks met het licht uit – ze kunnen het niet verdragen een man te zien die geniet.

Neem bloemen voor haar mee.
Wanneer ze uitgebloeid zijn, kun je weer
nieuwe kopen.

Waarom stuurden ze zoveel vrouwen met PMS naar de Golfoorlog? Ze vochten als beesten en hielden vier dagen water vast.

Steek een vuur aan. Mannen hebben dit duizenden jaren voor vrouwen gedaan en het spreekt de romantisch kant van een vrouw aan.

Het is geweldig een man te zijn omdat dat je dan komkommers en pompoenen kunt kopen en je je niet opgelaten hoeft te voelen wanneer je ten aanzien van bouwvakkers een banaan zit te eten.